AF263762

DE
LA PAIRIE
HÉRÉDITAIRE.

A PARIS,

CHEZ TECHENER, LIBRAIRE,

PLACE DE LA COLONNADE DU LOUVRE, Nº 12.

1831.

Rouen. — Imp. de Nicétas PERIAUX,
rue de la Vicomté, n° 55.

DE

LA PAIRIE

HÉRÉDITAIRE.

———

Trois grands pouvoirs veillaient au destin de la France : le premier de tous, le Monarque, avait la plus grande part à la puissance ; il régnait véritablement, et les deux autres pouvoirs n'étaient institués que pour servir de contre-poids à son action tutélaire, pour l'empêcher d'être trop rapide ou de devenir oppressive.

Une Charte, transaction entre le passé et le présent, entre les mœurs et les idées anciennes et les mœurs et les idées nouvelles, entre tous les intérêts, entre toutes les opinions ; une Charte, désirée depuis long-temps par tous les bons esprits, et donnée par un sage Monarque, réglait l'action et les limites de ces trois pouvoirs, et les réglait de façon que celui du Monarque avait une immense et sage prépondérance.

Tous les hommes vraiment éclairés sentaient que cette prépondérance était nécessaire à la stabilité de l'ordre social et à la tranquillité de chaque citoyen ; et presque tous, fatigués des orages d'une liberté furieuse et de l'oppression d'un despote ambitieux, se reposaient avec confiance et avec amour sur cette garantie de leur liberté et de leur repos.

Leur liberté était garantie par une chambre de députés élus par eux, et leur repos par une chambre de pairs héréditaires et par conséquent éminemment intéressés au maintien d'un ordre de choses qui assurait à eux et à leurs descendants l'existence la plus brillante.

Le successeur de ce sage Monarque, mal entouré, mal conseillé, mécontent des limites qui entravaient sa puissance, inquiéta la majeure partie des citoyens par des mesures imprudentes, et surtout par le choix de ministres généralement haïs : c'était un contre-sens manifeste dans une forme de gouvernement où le peuple est appelé à s'occuper de ses affaires, où les pouvoirs partagés sont forcés de marcher ensemble, et doivent tâcher de se concerter.

Les premières fautes avaient ébranlé son trône ;

cette dernière l'a renversé; et c'est la population tout entière de la capitale qui, par un mouvement spontané, et malgré les efforts courageux d'une garde fidèle, a décidé ce grand et terrible dénouement.

C'est au nom de la Charte violée que cette multitude s'est soulevée; c'est pour la défendre et la conserver qu'elle a remporté la victoire et qu'elle a mis en fuite ses imprudents agresseurs.

Mais comment conserver une forme de gouvernement quelconque devant une multitude irritée et sans chefs, et lorsque le chef de ce gouvernement, qui s'en était fait l'ennemi, venait d'être vaincu et avait abdiqué des droits qu'il n'avait su ni exercer ni conserver?

Cette multitude, sentant le besoin d'être gouvernée, voulant l'être par des lois, mais ne pouvant l'être que par des hommes, a été forcée de s'en rapporter à ceux qui s'étaient trouvés ou qui s'étaient mis à sa tête.

Ceux-ci, contraints par les circonstances de violer l'article le plus important de la Charte, l'article qui décide de la personne à laquelle appartient la puissance royale, voulurent, pour satisfaire le plus grand nombre de leurs partisans, changer plusieurs autres articles qui n'avaient pas l'assentiment général.

Ces articles étaient tellement importants, et la Charte a été tellement modifiée, qu'on s'est bientôt aperçu qu'elle n'existait plus, et qu'une Charte toute nouvelle avait succédé à cette Charte si précieuse pour laquelle on venait de se battre et de tout renverser.

Mais, enfin, on avait une Charte et un pouvoir nouveau intéressé à la maintenir, et qui inspirait généralement l'amour et la confiance.

On sentait le besoin d'être gouverné et de se rattacher à un gouvernement qui semblait avoir été donné par le ciel pour rassurer toutes les craintes et calmer toutes les alarmes.

Mais, de ces craintes, de ces alarmes, de l'ébranlement que venait de recevoir la société, de la victoire remportée par la multitude, et par conséquent du règne de la force, il était resté dans les esprits une disposition bien dangereuse : c'est de mettre en question l'existence et la conservation de tout ce qui composait l'ordre social avant ce grand événement.

On agite aujourd'hui la question de l'hérédité de la chambre des pairs, institution qui choque beaucoup d'amours propres ; hérédité qui les alarme encore plus , et qui paraît contraire aux lumières du sens commun.

« Comment, dit-on avec beaucoup d'apparence

de raison, les hommes sont égaux en droits, et il y en a qui naissent avec celui de faire des lois à leurs concitoyens !

« Ce n'est pas la vertu, ce n'est pas la capacité, ce ne sont pas les services rendus à la société qui donnent ce grand privilége, c'est le hasard de la naissance !

« Cette singulière institution ne doit-elle pas engourdir la vertu, décourager les talents et donner à un grand nombre de sots une importance et une arrogance qui, de ridicules qu'ils auraient été, en fait des êtres dangereux et odieux ?

« Un homme que vous éleverez à la dignité de pair, à cause de ses grands talents et de ses grands services, aura-t-il un fils semblable à lui ? Et si ce fils manque de vertus et de talents, est-il raisonnable de lui confier une partie de la puissance législative et de l'élever à une dignité qui doit inspirer le respect ? N'est-il pas ridicule de vouloir faire d'un sot un personnage respectable ? Il faut qu'un pair soit respecté, et s'il est un sot, il ne peut jamais être respectable qu'à ses propres yeux. »

C'est fort bien raisonné ; cependant ceux qui sont partisans de l'hérédité ont aussi de très fortes raisons à l'appui de leur système, et ils les puisent dans l'intérêt public.

Tout le monde est d'accord sur la nécessité de diviser le pouvoir législatif en trois branches.

Tout le monde sait que si le Monarque avait seul la puissance, il serait despote; que si le Monarque partageait avec un corps de députés élus la puissance législative, il s'établirait nécessairement une lutte entre ces deux pouvoirs, et l'un des deux aurait bientôt renversé l'autre, pour réunir toute la puissance.

Si c'était le Monarque qui l'emportât, il ne serait plus qu'un despote; si c'était l'assemblée législative, on aurait la convention, ce qui serait encore pis.

On n'a trouvé qu'un moyen pour éviter cette lutte entre les deux pouvoirs, c'est d'en établir un troisième qui les modérât l'un et l'autre, qui, par la considération dont jouirait chacun de ses membres, et par le pouvoir moral qui en résulterait pour le corps entier, sût avec succès arrêter d'une main les efforts du Monarque, qui tend toujours au pouvoir absolu, et de l'autre ceux de l'assemblée, qui tend toujours à la démocratie.

Cette division du pouvoir législatif est tellement reconnue nécessaire à la stabilité d'un ordre social quelconque, qu'elle avait eu lieu même dans l'organisation de notre république en l'an troisième, qui certes était une démocratie; et si cette division n'a pas conservé la république (elle était impossible à conserver en France), au moins elle a sauvé la civilisation ; sans le conseil des Anciens, il est presque sûr que nous serions revenus à la terreur, et par conséquent à la destruction de la société.

Tous les hommes sensés sont d'accord là-dessus. Il ne s'agit que de savoir si l'hérédité de la pairie la rend plus propre qu'aucune autre organisation à remplir sa pacifique et salutaire destination ; et si tel était l'effet de l'hérédité, cette considération devrait l'emporter sur toute autre : ce qu'il y a de plus raisonnable au monde, c'est de conserver ce qu'on a, lorsqu'on possède à la fois le repos, l'ordre et la liberté.

Et si un pair héréditaire nous donne plus de garanties pour maintenir la société et les institutions qui la régissent et qui nous conviennent, il mérite incontestablement la préférence, pour cette haute dignité, sur le sénateur ou le pair à vie, quand le premier serait un sot, et l'autre le plus grand homme de l'univers.

Ces places, comme toutes celles qui ont été créées dans l'ordre social, ne l'ont pas été pour l'avantage de ceux qui les occupent ; elles l'ont été dans l'intérêt public.

Or, pour que ce corps, intermédiaire entre le Monarque et les députés, remplisse bien sa grande destination, il y a deux conditions nécessaires :

la première, qu'il en ait les moyens ; la seconde, que chacun de ses membres y ait le plus grand intérêt possible.

Ses moyens sont, d'un côté, dans le respect qu'il inspire à la nation ; de l'autre, dans celui qu'il inspire aux conseillers du trône.

Certes, un sénateur ou un pair à vie, s'il a été élevé à cette haute dignité par de grands talents ou par de grands services, inspirera beaucoup plus de respect qu'un pair de France qui ne serait qu'un homme ordinaire.

Mais c'est à son mérite, ce n'est point à sa place qu'il devra ce respect : et l'éclat qui commande ce respect ne lui est-il pas purement personnel ? Peut-on espérer qu'il rejaillisse sur ses autres collègues, sur le corps entier de la pairie ?

Je suppose que les choix auront été bons, et que ce corps ne sera composé que d'individus illustres, chacun dans son genre.

Cette agrégation d'hommes illustres dans des genres différents sera-t-elle un corps, et un corps imposant pour le peuple et pour les ministres ?

Peut-être faut-il du mérite et des vertus pour sentir tout le prix d'un homme de mérite : et les masses auront-elles ce mérite, et les ministres auront-ils ces vertus ?

Pour connaître, pour sentir tout le prix de

grands services, il faut au moins de la reconnais-
sance : et les masses sont-elles reconnaissantes? le
sont-elles long-temps? Y a-t-il beaucoup d'individus
qui soient reconnaissants pour les services qui leur
ont été rendus personnellement ?

Mais tout le monde connaît tout le prix de la
puissance et des richesses , et une longue posses-
sion dans une famille de ces deux avantages si dé-
sirés de tous , rend cette famille un objet de respect pour la plupart des hommes, et les hommes
qui en jouissent sont plus disposés à former un
corps, ont plus les mêmes intérêts, les mêmes
vues qu'une agrégation des hommes les plus illustres.

Et même, en y réfléchissant, on voit qu'il est
impossible qu'une réunion d'hommes illustres dans
différents genres puisse véritablement former un
corps.

Ils n'ont pas les mêmes idées, les mêmes vues,
les mêmes intérêts; ils n'ont, pour ainsi dire, pas
la même langue : bien loin de pouvoir former un
corps, ils ne formeraient pas même une société
agréable.

Réunissez, dans un même salon, le fameux Ri-
quet, auteur du canal du Languedoc, le grand
Corneille, Turenne, Daguesseau, Colbert et Bos-
suet, tous hommes également illustres, tous mé-

ritant les hommages de l'univers, tous faisant le plus grand honneur à l'espèce humaine.

Je défie tous ces grands hommes, tous ces hommes également prodigieux, de passer un quart d'heure ensemble sans le plus mortel ennui ; ils ne s'entendront pas : ce n'est pas le moyen de former un corps compacte et puissant.

Mais réunissez des hommes riches et puissants ; ils auront le même intérêt, à peu près les mêmes idées et les mêmes vues ; ils s'entendront parfaitement. Laissez-les long-temps ensemble, organisez-les, et vous verrez qu'ils formeront un corps puissant et imposant.

Et l'esprit de société, qui avait tant d'influence autrefois sur le gouvernement et les particuliers, n'était pas autre chose que le produit de cette réunion fortuite.

Et le faubourg Saint-Germain lui-même, qui n'était que la réunion des vieux débris d'une faible puissance qui n'existait plus, ce faubourg Saint-Germain dont les antiques illusions faisaient sourire les hommes sensés, le faubourg Saint-Germain en imposait plus à Bonaparte que le sénat composé des hommes les plus illustres de la France.

Et ce sénat de l'empire, dont chacun des membres était fait pour inspirer le respect le plus profond, qu'était-il comme corps de l'Etat ?

Jouissait-il de quelque considération en France ? Il faisait pitié aux plus plats courtisans !

Et les académies, que sont-elles comme corporations ?

Tant il est vrai que les hommes les plus illustres qui font la gloire du corps social, et quelquefois sa force, ne peuvent pas former un corps ; et que si on les forme en réunion, cette réunion n'aura rien d'imposant !

Il faut le dire à la honte de l'humanité, mais il faut le dire parce que c'est une vérité, et une vérité importante au bonheur et à la stabilité des nations : un corps composé d'hommes riches et puissants, et qui jouiront d'une puissance héréditaire sera beaucoup plus imposant pour la multitude et pour la plupart des hommes, qu'une réunion des hommes les plus illustres et qui n'auront qu'une puissance viagère.

Un sénat, tels illustres que soient ses membres, jouira, comme corps, de moins de considération qu'une chambre de pairs dont les membres héréditaires seront les chefs de familles illustres, riches et puissantes.

Sous le rapport des moyens de remplir sa haute destination, il me paraît donc évident que la chambre des pairs héréditaires en a beaucoup davantage, et par conséquent mérite la préférence.

Il reste à examiner la seconde partie de la question, et à savoir si une chambre de Pairs héréditaires mérite encore cette préférence sous le rapport de l'intérêt que chacun de ses membres, et par conséquent le corps entier, peut avoir à la conservation de l'ordre qui existe et qu'il est chargé de maintenir.

Revenons sur les dangers que peut courir cet ordre de choses : observons les écueils qui menacent l'Etat, et contre lesquels la chambre des pairs ou le sénat doit l'empêcher de se briser.

Ces écueils sont, d'un côté, le pouvoir absolu, de l'autre la démocratie. Il faut voir si une chambre de pairs héréditaires a plus d'intérêt qu'un sénat à éviter ces deux écueils, également redoutables pour la nation.

Ce sénat, composé d'hommes supérieurs, soit par le talent, soit par le caractère, est pourtant composé d'hommes; ces hommes ont des passions comme tous les autres, et peut-être plus que tous les autres : les uns ont la passion de la gloire, les autres celle du pouvoir, et tous voudront l'avancement et l'illustration de leur famille.

De tels hommes auront-ils un grand amour pour un ordre de choses qui ne leur donne qu'une illustration viagère? Redouteront-ils beaucoup un changement qui ne peut qu'améliorer leur position ou la rendre plus solide et plus durable, en y faisant participer leur famille.

Ceux qui chérissent leurs enfants (et tous les hommes ne les chérissent-ils pas ?) ne seront-ils pas disposés à écouter les insinuations d'un Monarque qui flattera leur ambition paternelle ?

Et ceux qui sont amants de la gloire redouteront-ils beaucoup la démocratie, qui peut éterniser leurs noms ?

Et ceux qui sont animés par une dévorante ambition redouteraient-ils beaucoup l'anarchie, qui leur présente des chances si favorables et qui leur montre des trônes en perspective ?

Enfin, quelque malheur qui arrive, ces hommes éminents restent toujours avec leur gloire, leurs talents et leur supériorité, qu'aucune révolution ne peut leur enlever.

Il n'en est pas de même d'une chambre de pairs héréditaires.

La plupart de ses membres n'étant que des hommes ordinaires, auraient tout à perdre à une révolution quelconque : quelle chance pourrait leur offrir la démocratie ou le pouvoir absolu, qui valût leur existence si brillante et qu'ils sont assurés de transmettre à leur postérité ?

Et même, les hommes supérieurs qui, par hasard, se trouvaient dans son sein et y seraient toujours en très petit nombre , sentiraient , s'ils n'avaient pas perdu la raison , qu'ils compromettraient le sort de leur famille , et pour un avantage bien incertain , s'ils avaient le malheur de réussir dans leurs projets ambitieux.

D'ailleurs, fussent-ils assez insensés pour exposer d'aussi grands avantages , ils seraient contenus par l'immense majorité de leurs collègues.

Après toutes ces réflexions , ce serait se refuser à l'évidence que de ne pas convenir que , pour la stabilité des états , la tranquillité des nations et par conséquent pour leur bonheur , l'hérédité est absolument nécessaire à la pairie.

« Mais comment n'a-t-elle pas sauvé l'état en dernier lieu ? Et doit-on se fier à une institution qui a eu si peu d'efficacité et qui ne nous a pas préservés de la révolution que nous venons de subir ? »

C'est que notre chambre des pairs avait été brisée ; c'est que l'esprit de l'institution avait été faussé, comme le dit fort bien M. Fiévé, par les mesures imprudentes du gouvernement.

Ces nominations de pairs si nombreuses , si multipliées , avaient faussé l'institution , en faisant voir à la chambre et à la nation que ce corps était sans puissance , puisque le Monarque pouvait s'y créer une majorité à volonté.

Elles avaient ôté toute confiance à la nation , à

la chambre toute confiance en elle-même, et aux agents du pouvoir toute espèce de crainte et de ménagement.

Certes, s'il en eût été autrement, le gouvernement n'aurait pas osé prendre les mesures violentes qui ont produit cette réaction désespérée, ou s'il avait été assez insensé pour s'exposer à cette lutte terrible, les pairs seraient accourus sur le champ de bataille et se seraient placés entre les combattants.

« Mais comment la chambre des pairs n'avait-elle pas vu que c'était dénaturer, que c'était tuer l'institution que d'augmenter ainsi, et sans mesure, le nombre de ses membres ? Et, si elle l'a vu, comment l'a-t-elle souffert ?

« Une institution qui n'a pas le moyen de se conserver et de se défendre elle-même, est une mauvaise institution, et ne mérite pas d'être conservée. »

Cela est vrai; mais la chambre avait ses moyens de conservation, et elle n'a pas su en faire usage; elle avait, de plus, l'exemple de l'Angleterre : elle n'a pas su le suivre.

C'est une bien grande faute : elle a été une des causes premières de la terrible catastrophe, et elle a été l'effet de notre inexpérience en fait de gouvernement représentatif.

Il faut espérer, il faut même être sûr que cette

faute servira de leçon, et qu'on fera des lois qui préviendront, pour l'avenir, de si funestes écarts, et la chambre des pairs sera suffisamment armée avec une loi bien facile à faire et à exécuter. Que cette loi prononce que le nombre des pairs ne pourra jamais être augmenté sans une loi expresse proposée par un des trois pouvoirs et consentie par les deux autres; que la prérogative royale se borne à conserver le nombre tel qu'il est; si une famille de pairs vient à s'éteindre, que le Monarque puisse faire remplir la place vacante par un homme honoré de son choix; mais que le nombre des places reste toujours le même, à moins de ces grandes circonstances et de ces éminents services que la nation, représentée par les trois pouvoirs, doit seule apprécier.

Alors on pourra être assuré que la chambre des pairs, pénétrée du sentiment de sa dignité, saura remplir sa haute destination et opposer une barrière insurmontable aux entreprises des deux autres pouvoirs.

Au reste, si, dans cette circonstance, elle n'a pas pu prévenir leur choc, un sénat, quel qu'il fût, aurait beaucoup plus mal fait encore : il aurait infailliblement prêté son appui à l'un ou à l'autre, et nous aurions eu le pouvoir absolu ou la démocratie.

La chambre des pairs est restée neutre ou plutôt nulle ; elle est encore debout, et, par un bonheur inespérable, nous avons encore une monarchie ; nous avons encore les trois pouvoirs ; nous avons encore une charte, et nous pouvons encore espérer la liberté et le bonheur. Avec un sénat, nous n'aurions rien conservé, pas même l'espérance.

La chambre des pairs, telle qu'elle est aujourd'hui, outre les avantages que je viens d'indiquer, en présente encore un très grand, et qui suffirait seul pour lui faire donner la préférence sur toute autre organisation d'un troisième pouvoir, d'un pouvoir modérateur absolument nécessaire au système représentatif.

Ce grand avantage, c'est d'exister ; ce n'est qu'en conservant beaucoup des institutions qui existent, qu'on peut se flatter de conserver celles qu'on va être forcé de créer.

Créer est une opération très difficile en politique ; les anglais, nos prédécesseurs en fait de gouvernement représentatif, l'ont si bien senti, qu'ils ont conservé religieusement, et le plus qu'ils l'ont pu, tout ce qui était ancien, et même les abus, et même les abus reconnus tels par tout le monde.

Mais nous, sachons au moins conserver ce qui est bon et évidemment bon.

Gardons l'hérédité pour la chambre des pairs,

sans quoi nous n'aurions point de chambre des pairs ; nous n'aurions point de troisième pouvoir ; nous n'aurions rien que le pouvoir absolu ou l'anarchie, qui finirait encore, non par le pouvoir absolu, mais par le pouvoir despotique militaire.

Que les considérations d'amour propre, que les frivoles raisonnements fondés sur des théories démenties par l'expérience de tous les temps, ne nous aveuglent plus ; qu'ils disparaissent devant les sages considérations de l'intérêt public, le premier de tous les intérêts pour l'homme vertueux, et soyons certains que la vertu ne consiste pas à rechercher une perfection chimérique. La perfection n'appartient ni aux ouvrages humains, ni aux hommes. Ne cherchons pas à être parfaits ; tâchons d'être sages : nous ne le serions pas, si nous ôtions l'hérédité à la pairie.